오아시스는 멀리에 있어

김수예 시집

오아시스는 멀리에 있어

달아실기획시집
48

보조 용언과 합성 명사의 띄어쓰기 등 본문의 맞춤법은 시인의 의도에 따른 것임.

시인의 말

앞서가는 바람에게 말 걸어본다
실없어지자 실없어지자

퍼내는 일 같다
고이는 건가

등 돌리고 훌쩍이고 있는
한 아이에게 건네는 안부이고 싶다

2025 가을
김수예

차례

오아시스는 멀리에 있어

시인의 말　　5

1부. 흰 그림자를 물고

테라스　　12
한 모 반 모　　14
미시　　16
패킹　　18
정자나무집　　20
서도역 박공지붕 아래　　22
속눈썹　　24
스푸마토　　26
입김　　28
싸이코메트리　　30
으아리, 큰꽃으아리　　32
사태 지다　　34
민들레　　36

2부. 모래 몰래

나는 외발로	38
고딕의	40
표절	42
거울	44
오월	46
무언극	48
폭죽놀이	50
모래 인간	52
밤배	54
포노토그래프 1	56
포노토그래프 2	58
씽크홀	60
연대	62

3부. 일월화수목금토

끈	64
못난이 토마토	66
백 원만	68
경품 칸타빌레	70
자정의 삐에로	72
사과하지 마세요	74
손가락총	76
보온병을 켜라	78
둘레	80
동침	82
일월화수목금토	84
내비게이션	86
어머, 차이 나	87

4부. 섬은 섬을 향한다

물앵두집   90
나는 달에 홀려   92
소변검사   94
열대 1   96
열대 2   98
바다의 조리질   100
홀가분   102
협재   104
프라이빗   106
바글거리다   108
일요일   110
섬, 서목   112
수묵   114

해설_ 감각의 전이 혹은 간극의 미학 • 김겸   116

1부

흰 그림자를 물고

테라스

외부가 곁들여져 있어
화분 서너 개를 내어놓는다

내통하는 외부이자 내부의 일부

바람이 주춤거리지도
햇살이 기웃거리지도 않는

속을 드러내놓고
벌리는 손바닥이야
말을 삼키고 내미는 혀야

언 손을 녹이며 마른침을 삼킨다

아마존의 밀림처럼
다닥다닥버벅버벅

목젖 너머에서
토해내지 못한 말들이

줄줄이 딸려 나와

잔에 병을 기울여
화초에 조리개를 구부려

사방으로 몸을 늘여
테라스는 기지개를 켠다

한 모 반 모

두부 반 모를 남긴다

뚜껑이 있는 유리그릇에 물을 채운다
차며 다정하다
반 모를 남기는 이유일까

부드럽고 반듯하다
애초에 반 모를 한 모로 포장하였으면
나는 또 그 반 모를 남기겠지

내일이면 한 모가 되는 반 모
남겨놓는 것은
뚜껑 있는 미래다

흰 그림자를 물고
물크러지도록 물고
잇몸 물러진 그를 위하여

흩어지지 않고 흔들리는

발붙이고 나부끼는

다섯 개의 수면이 삼키는 하나의 물결

두부는 늘 반 모가 남지만
나는 한 모를 남겨놓는다

미시

볼 수 없는 그와
말할 수 없는 내가
프라하로 간다

파스텔 셔츠에 미색 바지
몸집이 작은 오스트리아 남자가
기사에게 티켓을 보이며 여남은 계산을 하고 버스에 오른다

시선을 잡아당기며 다가와
옆자리에 앉는다
지팡이를 접어 가방 앞주머니에 넣고
이어폰을 꺼내 꽂고 건반 두드리듯
손끝에서 귓속으로 모스 부호를 보낸다
난. 다. 보. 여
아이폰의 화면에 엄지손가락을 까딱거린다
너. 도. 들. 리. 니.

보지 않는 그를 위해

수십 조의 눈을 뜨고 있으므로
들키기라도 할까봐
나는 다리를 모으고 허리를 곧추세운다
숨죽여 물병의 뚜껑을 돌린다

보이지 않는 그와
말하지 않는 내가
들리지 않는 곳으로 간다

패킹

소도시 전역이 부옇다
산안개가 밀려 내려온다
연휴 내내 비가 온단다

길을 조금 덜어낸다
약속을 솎아내고
패딩을 돌돌 말아
깃털이 품은 공기를 빼낸다
가방 구석으로 쑤셔 넣는다

이쪽에서 덜어낸 부피가
그쪽으로 불거져
지퍼가 벌어지려 한다

기포도 힘이 되나
기분을 내어 속이 꽉 차나
산모의 젖이 붇듯
도로가 물큰거린다

서로 조심하라며
등짝 만큼씩 백팩을 지고
젖은 길을 나란히 걷는다

오지 않는 연락은
기다리지 않는다

정자나무집

제각각 길을 나섰다
한파가 들이닥쳤다

꺼뭇꺼뭇 그림자 길어져
필부가 집구석 찾아들 듯
작붓집 골목으로 끌려 들어가듯
삼삼오오 우리는 모여들었다

뚝배기에 홍어탕 애끓는 소리
싸하게 목을 타고 넘어가고
정자 이모가 숭덩숭덩 썰어준 수육을 얹어
뱃속 노오란 배춧잎을 씹으며

새로 나온 시집을 뜨끈하니 펴들고
한마디씩 거들랬더니 보이지를 않는다며 낄낄
배를 잡고 떠듬떠듬 눈은 내리고

한 켠에선 목청 좋은 그니들이
한갓되이 동심초에 화음을 넣는다

무어라 맘과 맘은 맺지 못하고*
하염없이 진눈깨비 날리고

어쩐지 쌓이지는 않았다
돌아서는 몸짓 따라 일어서던 바람결에
흩날리려다 주저앉고 만다
까무룩한 난로가 은은히 용을 쓰고 있었다

온풍기는 황급히 온도를 높이고
목이 꺾인 선풍기에
묵은 먼지가 삭아간다

* 당나라 기생 설도의 「춘망사」를 번안한 안서 김억의 「동심초」 중.

서도역* 박공지붕 아래

흰구름이 몸을 뒤집어요
웃음을 주워 담으며 봄의 들판을 가로질러

잔디밭 한가운데 소나무 밑에
등을 펴고 우린 눈을 감아요
벤치에 마주 앉은 연인은 그늘에 잠겨 침몰하고 있네요

나는 또 한 번 새로워져서
조躁와 울鬱 사이를 건너뛰는 거예요

세상에 착한 사람도 나쁜 사람도 없어요
바람을 재우며 번갈아
발을 구르며 시소를 타는 거지요

지금 당신은 어때, 부풀다 만
구름과 구름 사이를 건너가고 있어

키 작은 역사는
벤치의 담장이 되고요

담 밖의 소리는 들려오지 않아
나의 지붕이 되어주는 오래된 나무는
녹이 슨 철로 끝에서
멀리 먹산 언덕과
더 멀리 운산의 구릉이
비껴서 있는 모습을 더듬지요
잘 다듬어진 꽃나무에서 새는 우지짖고요

지나간 기차는 돌아오지 않아
동네 개는 컹컹거리다 맙니다

* 서도역(書道驛): 남원시 사매면 서도리에 있는 폐역. 최명희의 소설 『혼불』의 무대이기도 하다.

속눈썹

눈꺼풀이 내려앉는다

찬 새벽을 밀어내며
앞동 옥상은 함박눈으로 꺼풀지고 있다

분리수거장에서 달그락거리는 소리가
머리맡으로 굴러온다

생각에 잠긴 어둠에서
음, 푸르스름이 배어 나온다

블라인드를 말아 올리며
세상을 한 줄에 모았다가 편다

눈꺼풀이 캐스터네츠처럼 입을 벌려

여명을 맞는 창밖의 지도를 따라
아프아프* 아침은 헤엄쳐 온다

눈 치우며 바닥 긁는 소리부터
쌀 씻으며 눈썹 떨리는 소리까지

고대로부터 지중해 연안까지

한밤이 열렸다 닫히는 사이
나는 조금 더 촉촉해진다

* 히브리어로 눈꺼풀, 속눈썹, 눈의 깜빡임이란 의미다.

스푸마토

모나리자는 배시시 웃지 않아

입술 끝에서 빛은 튀어 화면을 떠돌아요
붓끝을 세워 점 점 점 점

너의 윤곽을 문질러
포커싱은 부담되거든
혀끝을 모아 점 점 점

점은 점에 머무르지 않고 짓물러
물안개로 피어올라요
나를 쪼개어 잘게 다져 풍경은 흐릿해져

터치, 터치, 터치,

서로를 버리고 서로에게 스며
우리의 만남은 부풀어 올라
바람은 미소의 콧등을 더듬어

표정을 가져요 우리, 선은 긋지 말아요

섬세하게 부우여니
날개를 가질까 부서져 날까

캔버스는 물기를 머금고
시야는 간단해져
들판에서 저녁이 글썽거려요

흐림으로써 선명해지는 방식이 있어요

입김

잔에 김이 오른다

잠시 비는 멎고
커피가 식어가고
휘청거리는 대기에

둥둥 떠내려가는 발걸음
뒤꿈치는 쩍쩍 갈라져

야자수가 부풀었다 홀쭉해진다
오아시스는 멀리에 있어서 오아시스

초여름 눈빛은 휘지 않아
서로 물들어가는 중

얹혔던 속이 턱,
초목이 한숨을 뿜는다

폐부 깊숙이 더운 숨에

뭉근히 번져가는 흙내

싸이코메트리

두 마리 개미는 더듬이를 맞걸고
하나의 생각을 나눈대요
인디언이 낯선 사람을 만나면 십여 분 가만히 바라본다죠 그에게서 배어 나오는 소리를 음미하는 거지요

당신이 흘리고 간 펜을 주워 들고 그날의 손끝을 더뤄 보아요

어린 날의 우리는 쪼그려 앉아 흙장난을 하지요
맨발을 타고 올라와
온몸으로 번져가는 아지랑이는 대지를 움켜쥐고 있던 나무의 잔뿌리

대기의 엽서에 흙의 마음을 받아 적다가
엉덩이를 털어내고 산길을 걷다가
잎을 흔드는 뿌리의 냄새가 끼쳐와 얼굴을 붉히며 우린 멈춰 서곤 하지요

뭍이 녹아내려 물에 잠기든

섬이 들끓어 솟아오르든
정작 지구는 눈 하나 깜빡하지 않을 거예요

어쩌면 품속 같은 바람이 불어올지도요

코를 땅에 박고 강아지는 부풀어 오르는 봄을 들춰보고 있네요
파헤친 자리마다 빛이 새어 나와요

애면글면 지구에 곁들여 사는
우리, 인면수심 해요

으아리, 큰꽃으아리

꽃이 없어

배밭 옆 간판 없는 화원
더는 야생화를 볼 수 없어

- 개방하지 않으려구요
누군가 한 주뿐인 으아리를 파간 것

꽃을 아는 마음에게 도둑맞은 꽃

발길 돌려 나오는데 배나무 한 그루
고개를 늘이며 따라나선다

술을 세우고 하초를 드러내어
흙바닥에 꽃잎이 입을 맞춘다

배꽃 이파리 흩날리며 흩날린다

꽃이 진다는 것은 이제는

초록을 키워
씨의 살을 찌우는 일

연두에서 암록까지
해일이 밀려오듯 개가 늑대처럼
눈을 뒤집으며 짖어대고 있어

꽃밭 여자는 앞가슴을 여미지 못한 채
풀어헤친 채
잔뿌리를 쓸어 모으고 있어

붉은 치맛자락을 물고
저녁이 철푸덕 주저앉고 있어

사태 지다

안으로부터 흔들리는 일

중심 무너져
얼굴 먼저 일그러지는 일
눈코입 흐물거리고
그때서야 아차 싶은 일

오랜 비에 서서히
살이 깎이고 마음 내려앉는 일

속이 비어
나무뿌리 움켜쥐고
토사를 다독거렸으나
큰물에 손을 놓치고 마는

산처럼 듬직했으나
어느 날 새앙쥐처럼
가슴마디로 숨어든 사람

불러도 돌아보지 않는 사람
찾으려야 찾을 수 없는 사람

나도 모르는
내 가슴 깊은 곳으로
숨어버린 사람

민들레

터널을 달리는데
흑염소 한 마리 튀어나왔어

핸들을 꺾어
갓길의 턱에 올라탔지

타이어 타는 냄새
흙의 목을 조르는
아스팔트 태우는 냄새

톱니를 드러내며
노오란 민들레가

보도블록을 들추어
고개를 내밀고 있어

발밑이 흔들,
구름이 기우뚱거려

2부

모래
몰래

나는 외발로

나는 외발로 발걸음을 뗀다
나는 외발로 공중에 한 발은 세워두고

나는 외발로 한 발마저 떼면
나는 외발로 달리기 시작할까

겨드랑이가 간질거려
솟구칠까 나는 외발로 날아오를까

나는 외발로 방향을 잡지 못하고
나는 외발로 고꾸라지면

나는 외발로 한 걸음씩
나는 외발로 앙감질하며

나는 외발로 허공을 벅벅 긁어댄다
헛것에 붉은 비를 맞는다

나는 외발로 흰 밤을 보낸다

얼어붙은 강가에서
나는 외발로 긴 목을 접어

고딕의

베른 대성당 앞에서
카메라를 뉘어본다

더
더
더

너를 세우려고
바닥을 끌어내리다
너마저 지워버리고 만다

성당 정문을 통과해
수백의 계단 끝 첨탑에 오른다

나를 다시
가로놓아 본다

바닥을 던져
머리를 조아려

배를 밀며
천천히 나아간다

팔짱을 낀 채
턱을 곤두세우며

끝내 너는
앵글 밖에 있다

표절

　　사진寫眞: 물체의 형상을 감광막 위에 나타나도록 찍
　　어 오랫동안 보존할 수 있게 만든 영상

객석의 표정은 무작위다

당신의 후광을 모아
필름 위에 얹어둔다 애무의 형식으로

빛은 지면에 내려앉아 음영의 피로 돈다

너는, 너의 모사인가

오도카니 자세를 잡아본다
다시 오지 않을

나는 나인가, 나였나

그쪽으로 기울어지는 몸

이쪽을 향하여 열리는 잇바디

끝없는 표절은 우리의 사랑법이야
오늘은 어제를 받아쓰나

하필下筆과 득음 사이
펜을 깨무는 입술이 빛난다

거울

남자가 파마를 했다
매번 흠칫거리게 된다

고개를 들 때마다 보이는 건 그의 얼굴

천변에서 뜻밖에 마주친 수달
반가워하는 사이 엉겁결에
지나가던 아는 사람 인사를 놓쳤다

모르는 수달도
수달이라는 것은 아는 수달
아는 사람은
모르던 사람

말총머리 남자는 파마를 하고 싶고
여자는 스트레이트로 곱슬을 편다

왼쪽은 오른쪽에
한 팔을 걸고

서로 악수를 청하지 못한다

오월

한 쌍의 돌멩이 같은 눈동자로
꺼져가는 모닥불 같은 목소리로

손전등을 들어
비춰 볼 수 있는 것은 방의 일부분에 지나지 않아
둥글게 둥글게 둥그렇게
일부는 각각의 전체야

하나로 말하지 않고
하나하나마다 문을 여는 방식은

동판화의 배경처럼
오목을 드러내며
묵음으로 말하며

미열이 들끓는 나를 떠나
틈새를 메우는 보드라운 퍼티처럼
출구를 찾으러 출발해볼까

넝쿨장미 흐드러진
길모퉁이 돌아서면

삶의 모퉁이마다
마음의 귀퉁이마다
그늘진 곳을 비껴서

불비의 자화상에
찌를 듯 다가서는 햇살

무언극

벽돌 한 장
벽돌 두 장
벽돌 세 장

굳게 걸어 잠근 입술
검은 리트리버도 담을 넘지 못해요

미로 같은 복도를 지나
널찍한 응접실로 어서 오세요
마호가니 가구 번쩍거려요
달콤한 쿠키를 깨물며
카밀 향을 피워올리는 찻잔 사이를
행커치프 받쳐들고
분주히 오가는 하녀들

긴 줄기 끝 검붉은 다알리아가
고개 숙여 나의 성을 지휘하는 관현악 화단
햇살이 한 번씩 음을 이탈하면
푸울 속에서 하늘빛이 슬러시처럼 부서져요

다이빙대에서 물에 잠긴 하늘로
맨살을 날려 텀벙거리는 아이들
파라핀처럼 선베드에 누운 여자들
비명은 신이 나 입술에 파묻혀요

구름처럼 숨죽인 발소리는
매일 밤 뒷문으로 내보낼래요

틈틈이 양회 반죽 굳어가는

벽돌 삼 층
벽돌 이 층
벽돌 일 층

서서히 막이 내려가요

폭죽놀이

스타팅 블록에
올려놓은 발목은

튀어 나가
퍼져 오르는
알파별 베가를 향한 도움닫기다

억눌렸던 발화가
수만의 찬 꽃으로 부푸는
웅크렸다 만발하는

잠에서 깨어
아기가 자지러진다
쥐암, 쥐암
손바닥을 활짝 펴지 않는다

주먹 쥐고 밤하늘로 날아올라
불꽃 직전을 살아내고 있다

미지의 실금을 쥐고
우주를 베고 누워

모래 인간

모래 몰래 옆을 본다

털모자를 눌러쓰고 그 위에
패딩 모자를 덮어쓰고
수그린 채 바람을 피하여 엎딘 채

바다 끝을 본다
모래가루가 눈을 덮친다
눈두덩이 허물어진다
모공이 꺼끌거린다
온몸이 버석거린다

해변의 유일한 선장 모래 인간이다
공기보다 가벼워질 자멸이 지연되고 있다

주르륵 흘러내린다
지워져가나
바람을 등에 진다 사라지지 않고
흩어지지 않고 몰려간다

물과 흙과 공기에 휘감겨 있다

바다를 스치며 곤두박질치며
물보라가 잠깐씩 채색된다
파도를 삼키는 가늘고 거대한 움직임 물안개 속에서
다섯 색깔로 무지개가 번뜩이곤 한다

예보처럼 신문지는 펄럭이다
보도를 날으는 새가 된다
검은 비닐봉지가 망설임 없이 날아올라
정찰용 기구가 된다

모래 몰래
바다는 무릎을 접는다

밤배

바다가 지워진다
창 안에 창이 돋아난다

물과 배의 일렁임 사이
나부낌이 그 이어짐이
수직보다 짙게 가라앉으며

창에 등이 피어난다
무기한 연착되어 산 자들이
엇갈리어 지나간다
옷자락을 끌며 나란히 오간다
시간에서 풀려나

지상의 대기실을 싣고
배가 죽음의 밤을 지난다
집어등이 창을 삼켰다가 뱉어낸다
사제복을 벗어 들고 말없이
뱃머리를 끄덕거린다

골드 스텔라
배의 말미에 앉아
어둠에 그을리며
울렁임을 가라앉히며
아무 말 없이 우리는
많은 말을 한다

잠들지 못하고 잠잠해진다

포노토그래프* 1

원뿔통으로 노래를 모아요
오늘의 용무는 끝나 가나요

마지막 연서를 써 내려가듯
소리의 떨림을 가죽 판으로 보내지요
그을음을 끼우고 실린더를 돌려요

그래프가 끼기긱거려
생의 패턴을 드러내면서
선의의 편에 서서 기억되는 것들의
기록은 기다림의 자세

누대의 문장紋章을 매만지며
백년 동안 오실 손님을 기다려요

아이는 노인으로 태어나곤 하지요
지워진 아버지의 음성으로 노래해주세요
귀의 모양으로 소리가 떠올라요

눈을 부비며 모니터에서 깨어나
늙지 않는 목소리로
귀로의 귓바퀴에 걸터앉아

최초의 마음이 달빛에** 흥얼거려요

* 1857년 에두아르레옹 스코트 드 마르탱빌이 발명한 초창기 녹음 장치로, 저장한 소리를 재생하기보다는 음파를 기록하는 장치. 병 속에 넣어서 띄워 보내는 편지처럼 인간의 목소리가 미래로 왔고, 소리의 파형을 디지털 스캔하여 우리는 백 년 전 목소리를 듣는다.
** 1860년 에두아르레옹 스코트 드 마르탱빌이 녹음한 프랑스 동요 「달빛에」.

포노토그래프 2

박물관의 지하는 서늘하다
쉬잇, 손끝이 인중에 내려앉아

소리가 당도하지 못한 곳
환청은 착란인 줄 알았다 터져 나오는 웃음처럼
이미지가 멈추었을 때 사운드는 흐른다

소리는 시차를 두고 온다
모니터를 켜고 그래프를 더듬어
늦게 온 소리를 그린다 하오의 그림자처럼
꺾은 선이 지나온 시간을 흐른다

빛을 등지고 음정을 고르며
밤과 낮이 맞물리는 곳에
고대의 메아리가 유모세포에서 흔들린다

말하지 않고 하는 말처럼
보이지 않고 들리는
듣지 않아도 들리는 소리가 보인다

너,라는 내 생의 유물은
어쩌면 사랑은 각자의 유적지에서 발굴해내는
서로 다른 결의 무늬다 지표를 더듬다가

연인의 키스가 서로의 대사를 삼키듯
묵묵은 슬픔이 슬픔에게 가도록 내버려두는 것

순간을 배낭 속에 넣어두고
잘 마른 두개골에서
물기 머금은 흙을 털어낸다

박물관에 서서
고대의 신상은 아무 말도 하지 않는다

씽크홀

희디흰 벽이었어

빗방울 굵어져
지붕을 때려 귀는 먹먹해져
굴속 같은 귓속 울게 했어

지나온 시간만큼 시침 끝에
세 개의 철선에 매달려 우리는
갖가지 모양으로 구름 속에 있었어

쏟아져 내리다가
몽글몽글 어우러지다 바람에 흩어져서
일각일각 얼굴을 바꾸는
골짜기를 벗어나

구름이라는 마음을 갖고
동떨어져 짐작은 무의미한가

창을 구르며 물방울들

말줄임표 되어 목젖을 삼켜 울고 나면
웃는 살이 돋을 거야 자위하며

발판 위로 올라서야지
꼭대기를 밟는 건지 하늘을 디디려는지
한 발은 바닥에 내어주어야지

떠나갈 구름 속을 떠나가고 있어
우리는 그때 구름 속에 있었어

연대

산속을 헤매다가

길을 내며
길끼리 엉키다가

산이 길로 걸어 나온다

산이
등 같은 산이
수묵 같은 산이
걸어간다

들판을 향해
들 끝을 향해
산으로 간다

길이 길을 간다

3부

일월화수목금토

끈

팽팽하다
너와 나 사이

멀어지려 하면
줄을 당긴다
그 끝에서 너는
학학거린다

허전한 느낌에
섬찟, 줄이 풀렸는지
돌아본다

네가 다가와
줄이 느슨해졌을 때
우리 사이
가까워졌을 때

줄을 꼭 붙들고
벌벌 떠는

나를 돌보게 된다

못난이 토마토

토마토 상자에 이불을 덮어준다

하루 정도 따뜻한 곳에 두라 한다
그럼 후숙이네요
완숙을 클릭했는데요

비품을 못난이라고 하는 거라고
다들 그렇게 한다고
상세 설명을 읽어봤냐고도 했다
본 기억은 없는데

모양만 못난 게 아니고
맛과 향은 괜찮은 게 아니고
숙성의 정도는 상관없이
하품을 팔았다는 자백을 받아냈다
못난이는 하자라는 대답을 들었다

못난 이는 못된 이가 아닌데
잘 익어도 못생겼을 뿐일 텐데

거칠어도 들큼할 텐데

다른 셈법은 늘 있는 법

완숙 찰토마토는 푸르렀다
초록의 그러데이션이 싱그러웠다

백 원만

백 원 때문에
겨우 백 원 한 닢 때문에

립글로스를 사고
더 결제하고 백 원을 거슬러달라고 해볼까
빌려달라고 해볼까
백 원만 달라고 해볼까

나중에 물건 빼러 올 때
갚아드리면 안 될까요

현금카드는 가져오지 않았다
신용카드로 뽑아야 했다
휴대폰 머니를 충전하고 뺄 수 있었다

우리는 알았다
우리가 백 원도 없다는 걸
백 원은 없어도
핸드폰에 지갑이 담겨 있다는 걸

카드기 앞에서 현금 서비스 받으려고
쩔쩔매고 있는 사람들이
잔고가 없어서만은 아니라는 걸
아직도 알아가는 중이란 걸

우리는 이제 잘 주자
백 원짜리 동전 없는 사람에게
쇼핑센터 물품 보관소 앞에서

경품 칸타빌레

하늘에서 대박이 터지네

붉은 고깔을 쓰고
산타 아가씨들 엉덩이를 흔드네
커다란 리본을 달고
선물상자는 날아다니네

일찍 불리지 않기를 바라
내 이름의 초성이 들려올 때
하품을 삼키지 않은 척 눈꼬리를 만지작거려

기쁨은 크기만큼? 작을수록 단단한 설렘?
반전마저 식상해졌어
생색까지는 괜찮을지 몰라

축포처럼 짧고 굵은 외마디
바꿔주면 안 돼요? 쿠폰을 남발하지 말았어야죠
복수 당첨은 인정되지 않아

어디에 방점을 찍을까요
단 한 번의 피날레에 막이 내려오고
무대는 여운을 남기지 않아
행사용 슬리퍼가 우글거려

다음 행사장을 향하여 몰려가는
셋잇단음표 같은 웨이브가 아니라도
못갖춘마디 다급해도
끊어졌다 올라붙는 스타카토

못 먹어도 경품
매일이 행사야 사는 게 덤이지

자정의 삐에로

의상을 입어라*
얼굴에 분칠을 하라
막이 올라간다
괄호 치고 가르치는

한 번 칼질에 두 배가 아니라
무대는 하나씩만 늘어간다
애써 혼자 가려 해도
끝내 홀로가 되지 못하는

있어야 할 곳을 기억해
시대의 미망인은 미망에 빠질 새 없어

늙지 않는 마네킹이
단물 빠진 껌을 오물거려
쇼윈도에 불이 꺼지고
관절에는 수액이 돌아

집으로 가지 못하고 거리를 서성이는

무대에서 내려서
길로 이어지는 길에

역할 대행을 마친 호박마차
자정이 되어 바퀴가 헐거워진다
수액이 말라간다 피를 보고서야

제1막 2장을 위하여
축배를 들어라
너의 얼굴에 새날의 눈물은
그리지 않아도 좋다

* 이탈리아 작곡가 레온카발로의 베리즈모(사실주의) 오페라 제목.

사과하지 마세요

똑, 똑 들어가도 될까
아니, 아니
우린 잠들었어요

아이에겐 돌봄이 필요하지
사과 껍질을 벗겨줄게
아니, 아니 배고프지 않아요

힘을 빼, 칼 들어간다
얼굴이 까칠하군
비타민 주사를 놓아줄게

정맥을 부풀려 찰싹, 처얼썩
사과의 뺨처럼 피가 잘 돌 거야

눈을 질끈 감고 칼을 피해요
목을 열어 바늘을 삼켜요
이 밤의 천둥이 지나가기를 고요가 어서 잠들기를

상처 부위는 따뜻하게 감싸주세요

날이 밝으면
이 껍질이 두꺼운 자
과도를 놓치고 무릎을 꿇어도

부종이 있는 과육은
홍조를 감추고 멍들어 있어요
콩닥이는 가슴에 귀를 대보아요

남자는 문밖에서
혼잣말로 중얼거리고 있어요
가만히 방문을 두드려요

손가락총

너 너 너
오늘은 세 명이 나가떨어졌다

손가락질 한 번에
영문도 모르는 채 죽어 나가는

눈길을 피해도 소용없이

어떤 손가락질은 고장난 재봉질처럼
같은 자리를 찔러대는 방식으로

너너너
너는 안 돼

첨단으로 죽여주는
혀를 동원해볼까요
살살 녹아나지요
가성비 짱이에요

진짜라고 믿었던 게
가짜가 되는 건 정말 한순간
손목이 손목을 비틀며

우리는
썩기 직전까지 익어간다

보온병을 켜라*

모르는 얼굴로 우리는 모여들었다
조리복으로 갈아입고 영양사 앞에 늘어선다

네 알겠습니다!가 전부는 아니다
엑스트라는 디테일 담당, 시선 좋습니다
눈빛과 몸짓으로 남은 말을 한다

금암복지관 창밖을 달리던 자동차들
신호등에 멈추기를 기다려 촬영은 재개된다

지향성 마이크는 정면을 빨아들이고
소품 언니 까치발 들고 소음을 대기시킨다
첫 씬을 끝내고 다음 숏까지는 쉿!

대기는 촬영과 동의어다

조리원 1은 구치소 담당 경관이자 영화 동아리 멤버
조리원 2는 전 영화 연출이면서 선배
조리원 3은 종합병원 수간호사인 감독의 어머니

어머나, 탄식을 누르며 단것을 녹이며
서로를 캐스팅하느라 우리는 주연으로 재연된다

음향 스텝 노려봐도 대기실은 소리 죽여
애드리브 폭발 중이다 삼류는 아류가 아니다

* 이지운 연출, 단편 독립영화 제목.

둘레

도형의 둘레를 구하는
문제를 푼다

원이 아닌데 둘레가 있나
둘러앉아야 하나

공식을 외워
모든 모서리를 더해

해답을 구해야 하나
가장자리에 경계를 이루는 그 자리에
사각으로 그대로

한 점에서 한 점으로 한 선에서 한 선으로 한 면에서 다른 한 면으로 사차원으로
　사시사철
　각지각처

궁리하다

궁글리다
뒹굴다 둥그러진다

손을 비비며
입맛 다시며

둘러앉으려면
원탁이어야 하나

동침

한 방에 배정되었다
컨디션이 좋지 못한 그녀는 식사만 마치고 방으로 올라갔다

자정을 훨씬 넘긴 시각
그녀를 깨울까봐 돌아가지 못하다가
키가 없는 나를 기다릴까 싶어

주먹을 말아 쥐고
집게손가락만 내밀어
딱 두 번
문을 두드려본다
인기척이 없다 싶어

옆방에 한자리 들여
서너 시간 푹 잤다
무슨 소린가
들렸던가, 아닌가 했단다

우리 방에서 그녀는
내내 선잠을 잤다고 한다

일월화수목금토

신혼
방 한 칸 마련하기 위해

살 만해지려고
아름답게 살아갈
집 한 채 짓기 위해
집들이도 하려고
축하하려고

비가 새는
집을 수리한다
내려앉은 지붕을 고치다
폭풍우가 지나고
비바람에 맞서
기울어진 담을 일으키다
무거워진 집

소개소에 내놓고
다시 집을

구하러 다닌다

신혼
아름답게 죽어갈
집을 구한다

내비게이션

이국의 길에서
알아들을 수 없는 말은

노래가 된다 설어도
쉬 잠들 수 있는 이유다

속속 아무는 상처가 야속하다

길을 잃지 않으나
길을 얻지는 못한다

어머, 차이 나

코끼리가 먹는 풀로
짠 가방이에요
공정무역이라 저렴해요

요모조모 뜯어보다가
어머, china
안에 붙은 태그를 발견한다

흔하기 때문?
겪어봐서?
흠을 찾기 때문?

아니, Gana

4부

섬은 섬을 향한다

물앵두집

가시내들
앵두나무 가지에 매달려
교복 치마 오므리고
다닥다닥 매달려
앵두를 따먹다
붉어지다가 물컹해지다
가을이 되네
꽃눈에 젖을 물리네
철 지나도록
매달려 있네
눈꽃이 피네
앵두꽃이 새로 피네

가시내들
내려올 줄 모르네
꽃 지도록 내려올 줄 모르네
앵두 물러지도록
퍼질러 앉아
내려올 줄을 모르네

물앵두집 순옥이 엄니
꼬부라진 허리 받쳐들고
밥상을 챙기네
머리카락 한 올씩
희끗해져서 가시내들
엄마 밥상 받네
꽃 지듯 무너진
젖무덤을 더듬네 오며가며
화대 찔러주고 가네

나는 달에 홀려

멍 자국 번지는
검은 사포 위의 은동전
밤길 꽉 찬 달에 홀려

살얼음 서걱이는
밤공기 얇게 저미 붉은 체리 한 알 얹어
속 뜨거운 아버지 비벼 드리자

굵은 주름 고랑 사이로
마른 바람은 모래 물결을 밀고 간다
귓속까지 들이치며 사구가 다가선다

푸른 똥을 지리는 어린 것을 두고
구덩이에서 시린 발목을 건져내면
밤마다 달은 조금씩 멀어져 하루는 차츰 길어지고

곱은 손은 아버지 겨드랑이를 파고든다
삼십억 년 전 귀환하지 못한 루나*의 발자국 따라
검은 새는 흰 똥을 갈기며 앞서간다

나는 달에 홀려
밤길 꽉 찬 달에 홀려

달의 뒤편 아버지의 처마로 간다
초승의 칼날에 베여
어린 새는 지붕을 걷는다

* 1959년 이후, 기존의 망원경을 이용한 달 관측 방법과는 달리 달 가까이 접근시킨 달 탐사기.

소변검사

아버지를 기다린다
한참을 안 오신다

나올 것은 안 나온다고
목소리가 문밖으로 샌다

독서실 밑에 자전거를 세워두고
짐받이에 방석을 깔아놓고
나를 기다리던
아버지를 기다린다

낯선 남자의 시선을 피하여
아버지의 괴춤에서
나오고 있는 손을 나무란다

에잇, 이거밖에 못 해
의기양양하게 제일 먼저인 양

아버지가 아버지를 두고

몸 밖으로 흘러나온다

열대 1

모으고 모아
엎디고 엎디어
세밑 소원을 불사르는

금박을 입히고
털 올까지 새긴
치앙마이* 왓 프라싱**

기단에는 검은 이끼가
연기처럼 번져가는

나무는 살찌고
원주민은 깡마르는
피부는 꺼멓고
미소는 허여멀건한

풍경 소리 귀에 걸고
핑 호텔 가는 길

하늘은 빤히 땅을 우러르고

야자수는 한낮에도
그늘을 허락하지 않고

* 짜오프라야강의 가장 큰 지류인 핑강 연안, 13세기 말 건국된 란나 왕국의 새로운 수도.
** '사자 모양의 불상'이라는 뜻.

열대 2

등에 작살이 꽂힌 고래처럼
기후의 바다를 헤쳐 왔다

그늘을 품고 숲은
돌아앉은 여인처럼 말이 없다

체액을 질질 흘리며
철 지난 매미가 쳇소리를 내며
발밑으로 떨어져 내린다

서너 바퀴를 구르다가
지잉쟁 지잉 재애앵 잠잠해진다

작살을 뽑는 건 치명적이야
단경을 예감하고
여름을 늘여 녹음을 도모하나

보도블록 사이 가랑이지며
숲은 길가로 흘러넘쳐 뿌리를 뻗는다

갈퀴손을 짚고 열대의 잎을 넓혀

길을 지워간다 철푸덕 주저앉아
뜨거운 날을 거르고 있다
거미줄이 저를 걸러내고 있다

여물지 않은 도토리 한 알
정수리 한가운데로 떨어진다

바다의 조리질

모래를 인다
쭉정이를 해변으로 밀어놓는다

누가 두고 간
줄도 모르는
패딩 점퍼가 떠올랐다 남겨진다
소금기로 부풀었던 몸이 빠져나간다
홀쭉해질 새 없이

바닷물이 인다
테트라포트에 파도를 인다
오랜 퇴적을 흔들고 있다
J 시인의 시펄*을 잃어버린다
바다가 빠져나간 맨가슴을 훑어 내린다

모래는 파도의 턱
한 번씩 쥐어박혀도
턱선을 집도하는 물은 문구용 칼날이다

파도는 모래 책을 넘기는데
거품만 읽다 간 건 아닌지
가슴은 들뜨는데 버튼만 누른 건 아닌지
포말 같은 발길질

더 큰 파도도 퍼내고 산다
가지런히 모래를 인다
파도를 따라 나가 발자국을 내어본다
저마다 늦여름 검불을 가려내어

모래 밥을 안치러 사람들이
물 밖으로 돌아간다

* 정양 시인의 시 「토막말」 중.

홀가분

아무것도 하지 않아서
가득차 오는 아침

스피커의 볼륨도
프린터의 잉크도
필터 끝에 맺힌 커피 한 방울도
아직 떨어지기 직전

강아지는 발밑으로 와서
자리를 잡고
온몸을 바닥에 풀어놓고

미간을 향하여
화살표 모양으로 눈을 감는
그는 아직 오지 않은

나의 시간은
아무래도 오늘 아침

그가 오지 않아도
아무것도 하지 않아도
그저 그득한

드립 커피 한 방울
떨어지기 직전

협재

7842 시내버스가 이마를 밝히며 방금을 지나간다

캐리어 구르는 소리 거칠어지고 있다

넥타이를 고쳐 매며 비양도는 날개를 펴고

분주한 발자국은 옷자락 사이를 오후 쪽으로 빠져나간다

간판 없이 손잡이 옆에 숫자 몇 알 적어둔 공방 출입구

낮아진 돌담이 신발 뒤축을 누그러뜨리며

열한 시부터 일곱 시까지 오붓한 테이블

부슬비를 앞세워 마음을 문턱까지 밀고 들어온다

예약석만 준비되는 음료 편집샵 제주멜즈

바다도 몸을 낮추어 에메랄드빛을 입는다

프라이빗

자전거를 타고
할슈타트로 달리는 도로변

초로의 남자가 호스를 당겨
꽃밭에 물을 주고 있다

정성만큼
그의 정원은 아름다운 것
부러운 것
발길 끌 만한 것

셔터를 누르다가
콧노래를 부르다가

정원을 벗어나는 곳쯤
private
장미 덩굴로 장식한 간판이

또한 곳곳에 오는 길 내내

있었음을 떠올린다
울타리를 넘곤 했을까

private을 요구하는 이 안락의 체셔 고양이는

졸음과 단잠의
칠부 능선쯤 엎드려

팔월의 발등을 핥고 있다

바글거리다

성당 앞 연못은
계단식 바닥을 가졌다

맨 위층을 남겨놓고
한 걸음씩 지표 아래로 내려간다

엉덩이를 걸치고 발을 내려놓아
물을 사이에 두고 건너지 못하고
서로의 가슴을 바라보게 한다

등 돌려 앉지 않도록
계단의 등을 내어준다
샌드위치 포장을 벗기다가
음료의 캔을 따다가

기우뚱거리더라도 갸우뚱거리더라도
발목까지만 적시면 된다

성당이 거꾸로 잠겨

물 밖에서 불을 켜는 걸
물속에도 불 밝히는 걸

끙, 땅 짚고 일어서듯
다 함께 바라보면 된다

까를 대성당 앞에서 나는
바글거리는 신도가 된다

일요일

원두가 떨어지고
충전을 미루다가

구겨져 있던
추리닝을 걸치고 편의점에 간다

에스프레소, 하니
담배를 꺼내어
바코드를 찍는다

커피와 아주 잘 어울리니까?

불붙이지 못한
담배 한 개비를 물고

불지 못하는
휘파람을 날려본다

입술 모양에 따라

바람의 각도에 따라

소리가 홀쭉해졌다 뭉툭해졌다

어린 참새가
마른 가지에 쪼그려 앉는다

섬, 서목

섬은 물 위에 떠 있다

나는 섬을 향해 서 있고
섬은 수평선을 바라보고 있다

나는 섬에 갈 수가 없고
섬은 수평선으로 가지 않는다

섬은 고유한 섬인 채로
수평선은 늘 수평선대로

물은 끝없이 섬을 낳고
하늘은 쉬지 않고
구름을 말아놓는다

배 한 척 물에 길을 내며
사라진다 살아진다

섬은 하늘 아래 떠 있고

수평선은 구름 아래 멀고

나는 출렁거린다

세상에서 가장 먼 섬이 거기 있다
섬은 섬을 향한다

수묵

눈이 내리네
가로등 밑이었네
눈송이마다 그늘진다네
둘이 되어 내리네
그림자도 함께 내리네
눈과 포개어져
무채색으로 빛나네

수백의 솜털 펼치고
겹눈으로 내려앉네
공중이 춤을 추네
날갯짓도 없이 소리 없이
눈이 눈에 내려앉으면서
구두 발자국은 그림자를 덮네
가슴을 다잡을 때
그림자는 대신 울어준다나

온몸이 눈이라네
온통 가슴이라네

목소리라네 섧도록
잿빛 눈이 포개어져
밤내 쌓인다네
슬픔과 눈물의
단 한 번 포옹이라네

날이 밝으면 흰 눈이
희디흰 이유라네

해설

감각의 전이 혹은 간극의 미학

김겸
시인, 문학평론가

 존재의 본성은 그 자체에 있는 것이 아니라 존재들 사이의 관계에 있다. 존재들의 배면에 놓여 있는 관계의 심층구조가 곧 존재의 항수가 되는 것인데, 이렇게 독립적인 보편 구조를 발견하는 것이 관계론적 사고방식의 핵심이다. 그러나 이러한 사유는 존재의 욕망이 거세되어 있는 공허한 보편적 틀이며 비역사적인 사고방식이라는 점에서 철학적 한계를 노정한다. 욕망의 구조 안에서 기표와 기의의 관계는 일대일의 안정적 구조를 가지지 못한다. 잘 아는 바와 같이 욕망은 끊임없이 상징계의 질서 속에서 미끄러지고 끊임없이 기표를 찾아 헤맨다. 여기서 욕망을 추동시키는 근본적인 원인은 결핍lack이며 이는 완전히 충족될 수 없기에 환유적인 형태를 띨 수밖에 없다. 이러한 주체의 결핍, 의미의 불안정성, 욕망의 미끄러짐은 관계론적 사고방식의 정태적 한계를 극복하며 현대철학의 또다른 장을 열었다.

이번 김수예 시집의 표제를 담고 있는 시구인 "오아시스는 멀리에 있어서 오아시스"(「입김」)에서 발견되듯이 오아시스는 그 자체로 실질substance을 갖지 못한다. 주체로부터 멀리 떨어져 있다는 관계가 오아시스라는 의미를 만들어내며 그 결핍이 욕망을 발생시키기 때문이다. 이는 물질의 세계에서도 마찬가지다.

"기포도 힘이 되나/ 기분을 내어 속이 꽉 차나"(「패킹」)에서 보면, 기포는 스스로 힘을 가지는가? 기포는 발산하는 힘과 그것을 가두는 힘 사이의 팽팽한 긴장을 통해 부풀어 오르는 것이다. 이렇게 우리 세계를 이루는 모든 것은 관계와 그 사이에 내재한 욕망에 의해서 실질을 얻게 되고 그것은 끊임없이 유동한다.

경계의 해체와 관계의 재구성

김수예 시인의 시를 구성하는 기본적인 인식은 관계에서 나온다. 여기서 관계는 외부와 내부, 언어와 실재, 주체와 타자 사이의 경계를 의미하는데 시인은 이러한 관계성을 지탱하기보다는 그 경계의 모호성 속에서 관계가 재구성되고 해체되는 비정형적인 양상에 주목한다. 시인이 당당하게 권두시로 내세운 「테라스」는 이러한 의식을 투영한 작품으로서 이 시집의 마중물 역할을 하고 있다.

외부가 곁들여져 있어
화분 서너 개를 내어놓는다

내통하는 외부이자 내부의 일부

바람이 주춤거리지도
햇살이 기웃거리지도 않는

속을 드러내놓고
벌리는 손바닥이야
말을 삼키고 내미는 혀야

언 손을 녹이며 마른침을 삼킨다

아마존의 밀림처럼
다닥다닥버벅버벅

목젖 너머에서
토해내지 못한 말들이
줄줄이 딸려 나와

잔에 병을 기울여
화초에 조리개를 구부려

사방으로 몸을 늘여

테라스는 기지개를 켠다

─「테라스」 전문

  테라스라는 공간은 건물의 내부인가 외부인가. 건축 용어에서 그 공간은 "거실 등 내부 공간과 연결하여 외부에 지상면보다 한 단 높여 만든 인공의 평탄부"(대한건축학회 건축용어사전)로 정의된다. 이는 분명히 옥외 공간이긴 하지만 건물의 내부와 외부를 연결하는 일종의 완충적인 공간이라는 데 핵심이 있다. 따라서 테라스는 "내통하는 외부이자 내부의 일부"로서 그 경계의 모호함 속에 존재한다.

  이렇게 내부와 외부의 사이에 존재하는 테라스의 공간적 특성은 이 시에서 병치은유diaphor의 방식으로 다양하게 변주되는데 이러한 인식의 확장성이 이 시의 본령을 이룬다. 테라스는 "외부가 곁들여져 있어" 화자로 하여금 "화분 서너 개를 내어놓"게 한다. 엄연히 실외 공간이니 바람과 햇살의 영향을 받지만 내부의 연장선상에서 보호받는 공간이기도 하다. 이러한 공간적 함의는 "속을 드러내놓고/ 벌리는 손바닥"이자 "말을 삼키고 내미는 혀"로 은유되며 테라스라는 물리적 공간은 인격화personification된다. 이렇게 테라스는 벌리고 내밀었으나 내부는 "아마존의 밀림처럼/ 다닥다닥버벅버벅" "토해내지 못한 말들"

로 가득 차 있다. 이것이 "줄줄이 딸려 나"온다고 해도 그 전부는 토해질 수 없다. 욕망이 결핍에 뿌리를 두고 있다는 것은 욕망이 대상을 통해 충족된다 할지라도 반드시 남는 것, 즉 잉여 욕망이 생긴다는 사실에 기초한다. "잔에 병을 기울"이듯, "화초에 조리개를 구부"리지만 화분에 심어진 화초는 대지의 그것이 아닐 뿐만 아니라 그 물도 한정이 있기 마련이다. 그리하여 테라스는 "사방으로 몸을 늘여" "기지개"를 켜지만 결코 전적인 외부가 될 수 없다. 우리의 욕망이 모두 토해지지 못하고 실현되지 못하는 것과 마찬가지다. 그러나 테라스라는 공간의 핵심은 존재의 외부를 향해 기지개를 켠다는 행위에 있다. 이는 "보이지 않는 그와/ 말할 수 없는 내가/ 들리지 않는 곳으로 간다"(「미시」)의 맞물림처럼 주체는 항시 관계에 의해서 발생하고 그 연장선상에서 새로운 감각으로 나아가게 되기 때문이다.

섬은 물 위에 떠 있다

나는 섬을 향해 서 있고
섬은 수평선을 바라보고 있다

나는 섬에 갈 수가 없고
섬은 수평선으로 가지 않는다

섬은 고유한 섬인 채로
　　수평선은 늘 수평선대로

　　물은 끝없이 섬을 낳고
　　하늘은 쉬지 않고
　　구름을 말아놓는다

　　배 한 척 물에 길을 내며
　　사라진다 살아진다

　　섬은 하늘 아래 떠 있고
　　수평선은 구름 아래 멀고

　　나는 출렁거린다

　　세상에서 가장 먼 섬이 거기 있다
　　섬은 섬을 향한다
　　―「섬, 서목」 전문

 이 시에서도 섬은 무엇으로 인해 실질을 부여받는가? 그것은 물이다. 물이 있으므로 섬이 있고 섬이 있으므로 물이 있다는 것은 그의 시가 관계성에 주목하고 있다는 수많은 증좌들 중 하나이다. 여기서 '나'와 '섬' 그리고 '수평선'의 관계는 이 시를 이끌어 나가는 세 꼭짓점이다. 서로가 서 있는 방향이 마주치지 않고 그 지향이 다가갈 수 없는 거리를 산출한다. 이처럼 영원히 좁혀지지 않는 간극은 "섬은 고유한 섬인 채로/ 수평선은 늘 수평선대로" 각자의 고유성 안에서 존재함을 의미한다.

만날 수는 없되 관계가 존재하는 한 의미는 생성된다. "물은 끝없이 섬을 낳"는 것과 마찬가지로 "하늘은 쉬지 않고/ 구름을 말아놓는"다. 이처럼 존재는 수평적으로도 수직적으로도 만날 수 없는 간극 안에 놓여 있고, 바로 그 중심에 "세상에서 가장 먼 섬"인 '나'가 서 있다. 여기서 "나는 출렁거"리며 결코 다가갈 수 없는 섬을 향해 나아간다. 이처럼 마주하지만 결코 닿을 수 없는 것들의 전체가 우주이고 지구이고 그 안에 존재하는 무수한 존재들이 아닌가. 인간은 닿을 수 없는 것을 알면서도 끊임없이 나아간다. 그리하여 인人/간間이 아닌가. 사이로 인해 존재하고 존재함으로 사이를 잇고자 하는 존재 말이다.

흐릿한 시야, 선명해지는 진실

그리하여 모든 경계는 명확한 선으로 분할되어 있지 않다. 그 사이는 흐릿한 안개로 가득 차 있는데 이것이 존재가 비의秘意를 품고 있는 이유다. 핵심은 이 희미하고 모호한 경계가 당연한 것이며 자연스러운 것이라는 데 있다. 언어가 가지는 분절적 기능이라 함은 바로 이 연속되어 있는 관계를 기계적으로 단절한다는 의미이다. 가령, 우리의 얼굴에서 코와 볼의 분명한 경계가 있는가? 얼굴과 목의 경계가 있는가? 하루와 하루, 한 주와 한 주, 한 달과 한 달, 일 년과 일 년 사이의 경계가 없는 것과 같다. 이 세계의 시공간은 연속된 연결체이지 분절된 개별체가 아니다. 그럼에도 인간의 이성은 세계를 기능적으로 분절하고 그 틀 안에서 의미를 구성하려 한다. 도구적 이성이란 잘 알려진 개념의 근본적인 원인은 바로 여기에서 기원한다. 명확한 기능적 분배, 기계적 결속, 고정된 시선……. 이런 것이 억압이고 더 나아가 파시즘의 원리가 된다.

기실, 인간은 대상을 명확한 경계선으로 인식하지 않는다. 대상에 대한 인식은 물리적인 것을 넘어 그 대상이 가지고 있는 가치나 분위기, 대상과 맺고 있는 주체의 선지식이나 감정과 기억까지도 복합적으로 개입된다. '연기'라는 뜻의 이탈리아어 스푸마레sfumare에 어원을 두고 있는 스푸마토sfumato 기법은 "연기같이 색을 매우 미묘하게 변화시켜 색깔 사이의 경계선을 명확히 구분 지을 수 없도록 부드럽게 옮아가게 하는 기법"(『세계미술용어사전』)이다. 잘 알려진 대로 레오나르도 다 빈치에 의해서 처음 도입된 이 회화 기법은 대상에 공간감과 깊이를 더해줄 뿐만 아니라 인물의 감정과 분위기를 미묘하게 전달하게 하여 이후 풍경화와 인물화에 영향을 주었다. 시「스푸마토」는 이러한 기법을 인식론적으로 적용하여 관계 속에서 형성되는 흐릿하고 모호한 경계가 사태의 본질과 어떻게 연결되는지를 보여주고 있다.

모나리자는 배시시 웃지 않아

입술 끝에서 빛은 튀어 화면을 떠돌아요
붓끝을 세워 점 점 점 점

너의 윤곽을 문질러
포커싱은 부담되거든
혀끝을 모아 점 점 점

점은 점에 머무르지 않고 짓물러
물안개로 피어올라요
나를 쪼개어 잘게 다져 풍경은 흐릿해져

터치, 터치, 터치,

서로를 버리고 서로에게 스며
우리의 만남은 부풀어 올라
바람은 미소의 콧등을 더듬어

표정을 가져요 우리, 선은 긋지 말아요

섬세하게 부우여니
날개를 가질까 부서져 날까

캔버스는 물기를 머금고
시야는 간단해져
들판에서 저녁이 글썽거려요

흐림으로써 선명해지는 방식이 있어요
— 「스푸마토」 전문

 이 시는 앞서 말했듯이 스푸마토라는 회화의 기법을 존재 사이의 관계라는 인식의 문제로 환원하고 있다. "우리, 선은 긋지 말아요"라는 시구처럼 고정된 경계나 명확한 포커싱이 아닌 흐릿하고 모호한 "물안개"의 경계가 서로 간의 존재의 "표정"을 낳는 것이다. "윤곽을 문질러", "점은 점에 머무르지 않고 짓물러"에서 나타난 채색 기법과 그 효과는, 관계성의 맥락에서 보면 "서로를 버리고 서로에게 스며"드는 일이며, "흐림으로써 선명해지는 방식"이라 할 수 있다.
 모호함을 통해 의미를 획득하는 비정형적 인식은 "당신이 흘리고 간 펜을 주워 들고 그날의 손끝을 더듬어보아요"(「싸이코메트리」)에서 사물 속에 내재한 관계의 감각을 매개로 그 회복의 가능성을 내비친다. 싸이코메트리

Psychometry는 psyche(혼, 정신)와 metron(측정)의 합성어로 사물이나 사람을 접촉해서 그에 얽힌 과거의 사건이나 현재의 감정을 읽어내는 초능력을 가리킨다. 이때 사물이나 사람의 과거 흔적이나 감정은 스푸마레처럼 그 대상을 둘러싼 영기靈氣와 같다. 이렇게 그의 시에서 존재와 존재를 매개하는 관계성은 흐릿하고 미묘한 신비로움을 간직한 채 떠오른다.

> 사진寫眞: 물체의 형상을 감광막 위에 나타나도록 찍어 오랫동안 보존할 수 있게 만든 영상

객석의 표정은 무작위다

당신의 후광을 모아
필름 위에 얹어둔다 애무의 형식으로

빛은 지면에 내려앉아 음영의 피로 돈다

너는, 너의 모사인가

오도카니 자세를 잡아본다
다시 오지 않을

나는 나인가, 나였나

그쪽으로 기울어지는 몸
이쪽을 향하여 열리는 잇바디

끝없는 표절은 우리의 사랑법이야
오늘은 어제를 받아쓰나

하필下筆과 득음 사이
펜을 깨무는 입술이 빛난다
―「표절」 전문

프롤로그에서 사진寫眞을 사전적으로 정의하고 있는 바와 같이, 현실의 한순간을 복제하고 보존하는 기술이 사진인 것처럼, 이 시는 우리의 삶과 그 속에서 생겨나는 사랑도 필연적으로 복제와 모방을 통해서 발생한다는 것을 통찰하고 있다. "당신의 후광을 모아/ 필름 위에 얹어둔다 애무의 형식으로"라는 시구처럼 당신을 향한 애정 어린 시선을 통해 당신을 복제하고 기록하는 행위가 곧 사진의 그것과 닮아있는 것이다.

그리하여 시는 질문한다. "너는, 너의 모사인가", 그리고 "나는 나인가, 나였나"가 그것이다. 앞서 대상의 윤곽선을 문질러 명확한 구분선을 지워내는 스푸마토 기법처럼, 이 시 역시 원본과 복제본, 주체와 대상 사이의 경계는 하나의 관계일 뿐, 그 존재 자체의 유일무이성은 하나의 의문의 대상이 된다. 우리는 타자들과의 관계 속에서 끊임없이 서로를 모방하며 살아가는 존재이기에 이러한 인식은 정당화된다. 특히 "끝없는 표절은 우리의 사랑법이야"라는 단정적 발화는 사랑의 관계 속에서 서로의 생각이나 말투, 입맛이나 습관, 더 나아가 감정까지도 서로를 부지불식간에 "표절"한다는 점을 생각할 때, 이미 사랑이라는 관계는 너와 나의 경계를 버리고 서로에게 스며드는 스푸마토이며 서로에게 몸을 대고 서로를 읽어내는 싸이코메트리가 아닌가. 더 나아가 시를 쓰고("하필下筆") 마침내 도달하게 될 경지("득음") 사이에도, 존재가 존재를 사랑하여 서로를 닮아가는 그 사이에도 빛나는 표절의 순간들이 가득 채워져 서로를 매개하는 것이다.

결핍, 욕망 그리고 승화

앞서 논의한 바와 같이 김수예 시인의 시는 언제나 분명한 경계선을 거부하고 윤곽선이 지워진 흐릿한 연무 지대煙霧地帶의 진실을 응시한다. 그의 시선이 머무는 자리마다 우리에게 익숙한 감각적 스키마는 허물어지며 그 자리에서 관계의 본질과 새로운 소통의 가능성에 대한 질문들과 마주하게 된다.

그러나 아프게도 나는 다시 서두에서 언급한 근원적인 결핍이 바로 이러한 인간의 존재성과 맞닿아 있다는 말을 해야만 한다. 인간은 태어남과 동시에 모체에서의 떨어짐이라는 오욕abjection을 경험하게 되며 어머니와의 행복한 이자적 관계는 아버지의 이름으로 깨어지며 동시에 자발적으로 그 권위에 복종하여 사회적 관계를 획득해 나간다. 이 원초적인 관계 맺음은 이 세상을 살아가면서 끊임없는 관계 속에서 복제되는데 그 끊임없는 경로가 하나의 생의 궤적을 만든다.

안으로부터 흔들리는 일

중심 무너져
얼굴 먼저 일그러지는 일
눈코입 흐물거리고
그때서야 아차 싶은 일

오랜 비에 서서히
살이 깎이고 마음 내려앉는 일

속이 비어
나무뿌리 움켜쥐고
토사를 다독거렸으나
큰물에 손을 놓치고 마는

산처럼 듬직했으나
어느 날 새앙쥐처럼
가슴마디로 숨어든 사람

불러도 돌아보지 않는 사람
찾으려야 찾을 수 없는 사람

나도 모르는
내 가슴 깊은 곳으로
숨어버린 사람
— 「사태 지다」 전문

그리하여 산다는 일은 "오랜 비에 서서히/ 살이 깎이고 마음 내려앉는 일"이다. 수십 년을 관계 속에서 스스로를 마멸시키고 마침내 사태 지고 마는 생은 그 자체로 얼마나 고단하고도 허무한 일인가. 그리하여 허물어진다는 것은 "저는 번민으로 지쳐 제 뼈가 다 시들었습니다."(시편 6:2)라는 구절과 같이 "안으로부터 흔들"려 중심이 무너지는 일이다. 그 직전까지는 우리는 끊임없이 생의 루틴을 반복했을 뿐, 그 위기의 순간에 대비하지 못한다. 이는 어쩌면 마지막에 다다라서야, 비로소 "그때서야 아차싶은 일"이 되고 만다. 오랜 비에 조금씩 조금씩 무너져

내렸음에도 불구하고 말이다. 그리하여 비어버린 속으로 "나무뿌리 움켜쥐고／ 토사를 다독거렸으나" 결국 "큰물에 손을 놓치고 마는" 것이 우리의 생이라면 그 모든 애씀은 얼마나 부질없는가.

한때는 "산처럼 듬직했으나" 시난고난한 생의 어느 날 "새앙쥐처럼" 작아져 마침내 "가슴마디로 숨어든 사람", 그리하여 마침내 "불러도 돌아보지 않는 사람／ 찾으려야 찾을 수 없는 사람"이 되어 불귀의 존재가 되고 마는 것을 우리는 목격해왔다. 그렇게 화자의 가슴 깊은 곳에 "숨어버린 사람"은 시 속에서 누구인지 밝혀져 있지는 않지만 그는 화자에게 큰산 같은 존재였을 것이다.

그러나 새 가지가 헌 가지를 부러뜨리고 자라나는 것처럼, "꽃이 진다는 것은 이제는／ 초록을 키워／ 씨의 살을 찌우는 일"(「으아리, 큰꽃으아리」)이다. 개체의 소멸은 전체의 소멸이 아닌 새로운 이어짐으로 연속된다. 어쩌면 생이란 "공기보다 가벼워질 자멸이 지연되고"(「모래 인간」) 있는 유예의 순간인지도 모른다. 그렇기에 우리는 "길이 길을 간다"(「연대」)는 담대함으로 슬픔에 무너져 내려서는 안 된다. "연인의 키스가 서로의 대사를 삼키듯／ 묵묵은 슬픔이 슬픔에게 가도록 내버려두는 것"(「포노토그래프 2」)이다. 그렇게 김수예 시인은 "슬픔과 눈물의／ 단 한 번 포옹"(「수묵」) 같은 시를 쓰며 우리 생의 사이를 이어주며 시의 길을 간다, 오아시스는 멀리 있어서. 끝

달아실 기획시집 48

오아시스는 멀리에 있어

1판 1쇄 발행	2025년 9월 26일
지은이	김수예
발행인	윤미소
발행처	(주)달아실출판사
책임편집	박제영
기획위원	박정대, 이홍섭, 전윤호
편집위원	김선순, 이나래
디자인	전부다
법률자문	김용진, 이종진
주소	강원도 춘천시 춘천로 257, 2층
전화	033-241-7661
팩스	033-241-7662
이메일	dalasilmoongo@naver.com
출판등록	2016년 12월 30일 제494호

ⓒ 김수예, 2025
ISBN 979-11-7207-071-7 03810

이 책의 일부 또는 전부를 재사용하려면 반드시 저작권자와 (주)달아실출판사 양측의 동의를 얻어야 합니다.

* 잘못된 책은 구입한 곳에서 바꿔드립니다.
* 책값은 뒤표지에 표시되어 있습니다.
* 이 책은 (재)전라북도문화관광재단 문화예술육성지원사업에 선정되어 발간되었습니다.